列仙圖贊

第一輯 第7册 列仙圖贊 附錄 第1種

（新編）列仙圖贊目錄

列僊圖贊序

甚矣時俗之移也於圖畫亦然本邦邃古邈矣及西溟舡路相通有曇徵者偶唱伎于茲從此以降典籍所載世不乏人然兵燹之所侵堙沒沈淪終不可得覩晚近

世雖或俊傑成門者世移道轉各走于澹泊輕易前者風靡之後者承其弊天下滔滔如斯於此華夷道殊霄壤背馳文物殆無缺余遇此技技不能無慨于斯區區修道之暇遊于此伎一以華爲指摹夢

寐所到弱海萬里不爲遠矣自訶未離六塵還將身心混諸色相吁復夙因不可掃者與且咲且樂殆忘涼燠數十年一日也蓋髣髴有所覺云聞者爲諸門人所慫慂即興之所到聊佐潯毫僉觀之日可

諒有此盍或設韜埋之祕于篋中或設梓之公于海內同好之士曰舍之此睡餘之業不免笑鹵耳何足千萬之門人又曰夫應物象景人物取爲難我黨苦之今而見之恰如得寶筏于迷川攀合華于炎

宮其十襲之不亦宜乎雖然汝二者舉世皆爾當是之時法雨一滴不可有偏幸迸之澆法界則同志之咬齒于土塵中者遙望妙雲至而當翕然向化也俾其彭沛潤澤遠及或有蒼蒼乎茁者矣於是乎

我東域新見華撲眞面目而自
洗其鄙俚穢荒之想則又罷以文
身呵章甫矣然則時俗復古之益
亦大矣隨緣應機是師之常胡為
拱手于拚濟之旨乎余咲曰詳哉
爾言也智平畫大悲貫休描羅漢

皆是靈感之應也其德尤著矣如斯者可謂釋門之光輝也余操之也正兒戲耳於真乘一蘇益即可附一炬掩愧也歟然我無隱于爾乃委任之爾等多使人言余為緇徒衒伎者哉即輯之作冊子位次

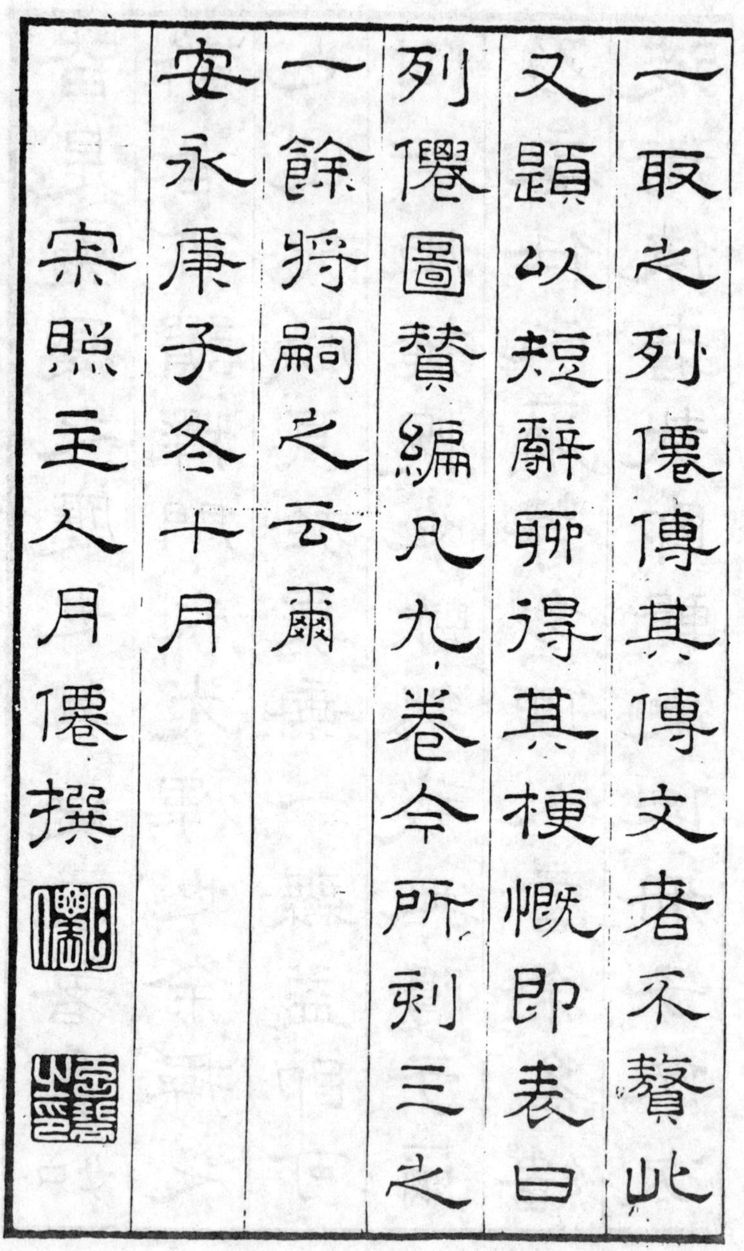

一取之列僊傳其傳文者不贅此
又題以短辭聊得其梗概即表曰
列僊圖贊編凡九卷今所刻三之
一餘將嗣之云爾
安永庚子冬十月
宗照王人月僊撰

鍊丹辟穀。吸沆瀣。飡朝霞。此神仙之術。中華有之。而日本無有也。間有稱神仙。率皆學佛得神境者類也。彼其鍊丹辟穀。吸沆瀣。飡朝霞。吾目為外道。罵為守屍之鬼焉。月仙上人。脩道之暇好繪事。興到則山水草木人之与物。皆於一毛彈撥之。又好詩。數閱余之説詩也。則幽遠雅逸之思。曲麗風流之致。詩之所聲。以發諸色無遺也。故上人之画。其諸異乎人之画矣。聞者讀列仙之傳。換其故圖。出以新意。一一描其狀態。寫以縫言。亦修道之遊戲云。遠寄于余。謁之題辭。余以為上人悪用是外道者、哉。昔者李伯時画馬。躬感厥形。黃魯直作艷詞。秀鐵面戒之。人之所好。不可以不慎。上人悪用是外道者哉。抑有説焉。詩也画也。世之數存焉。凡聲色所引。耳目之官應之。是故和其聲使不至於僻。平其色使不至於邪。不違於情。不戾於道。則菩薩同事之攝亦不外乎是矣。不然。必謂五色使目盲。五音使耳聾。淪乎錮閉之門而可乎。且吾佛有如幻三昧。以幻修幻。以幻濟幻。乃上人以一毛端幻出诸相。使觀者亦契如幻之知。又奚擇乎道之外与内哉。夫仙也者。绝類超倫之謂也。至佛亦以金仙稱。即仙之大者。今上人亦以自命。不知月比仙耶。仙比月耶。画者仙耶。所画者仙耶。是亦以一毛

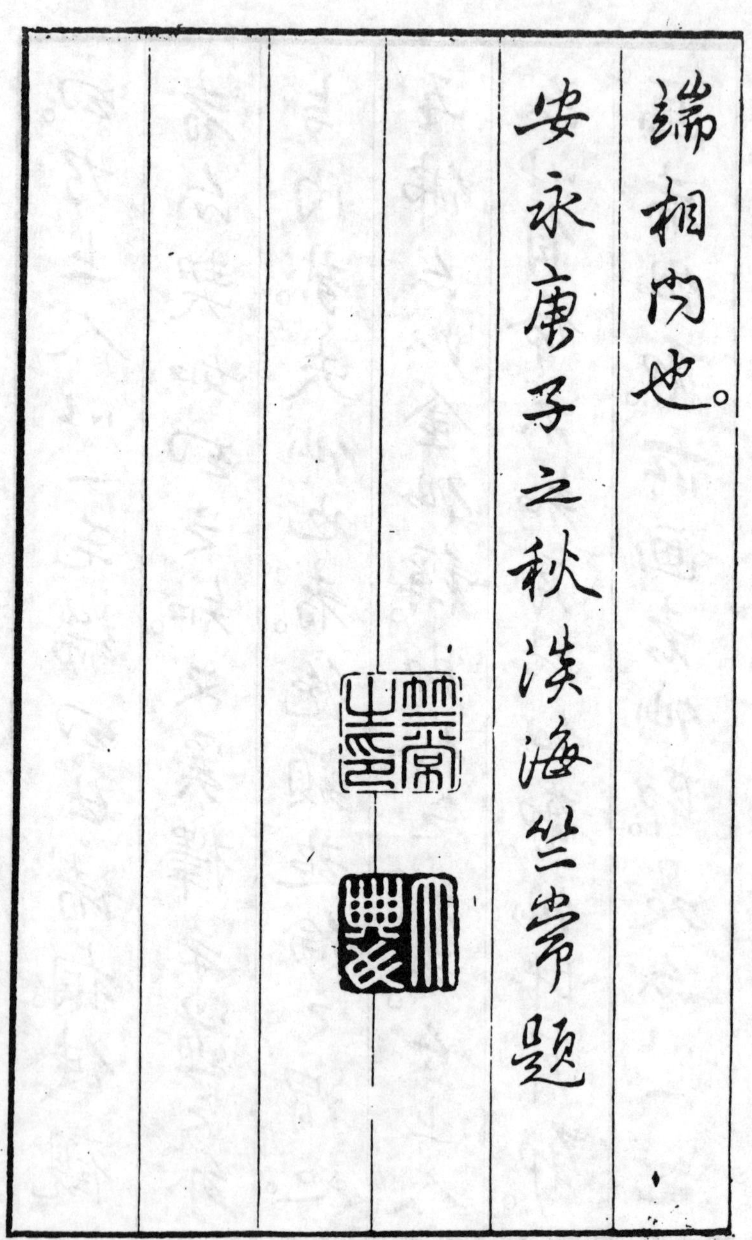
端相同也。
安永庚子之秋淡海竺常題

列僊圖贊

木公

烝彼青裠
九仙之侶
維公在臺
鑒臨寰宇

龜臺金母
女仙之祖
玉山之神
漢武徒遇
周穆空巡

太真王夫人
駕乘白龍
彈琴一弦
周遊四海

東王公

陶鈞品類，靈居偏天，投壺開顏，電光勃焉。

上元夫人

居三天高
總領真籍
當漢武聖
深求五辟

容成公

遠師黃帝
教及周穆
抱神冥觀
至道燿熀

赤松子

崑崙登玉
人有行否
不羨蓬萊
閬遊之古

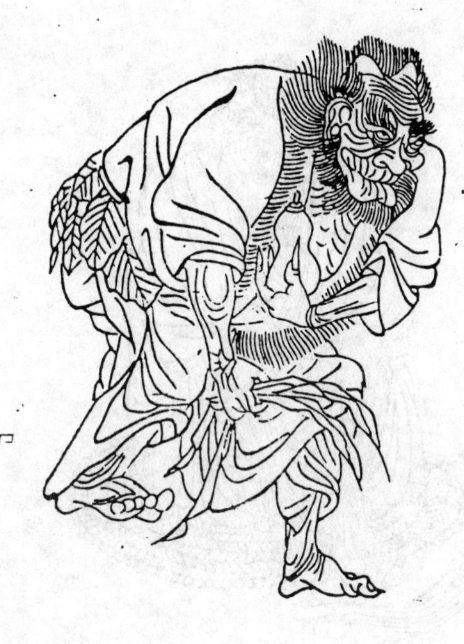

廣成子

空同修玄
形正神全
軒天子問
剛識真機

黃帝

問道廣成
遊魂華胥
無為治國
非帝誰歟

甯封子

軒轅神德
其臣非凡
課職窑裡
炪爝翻衫

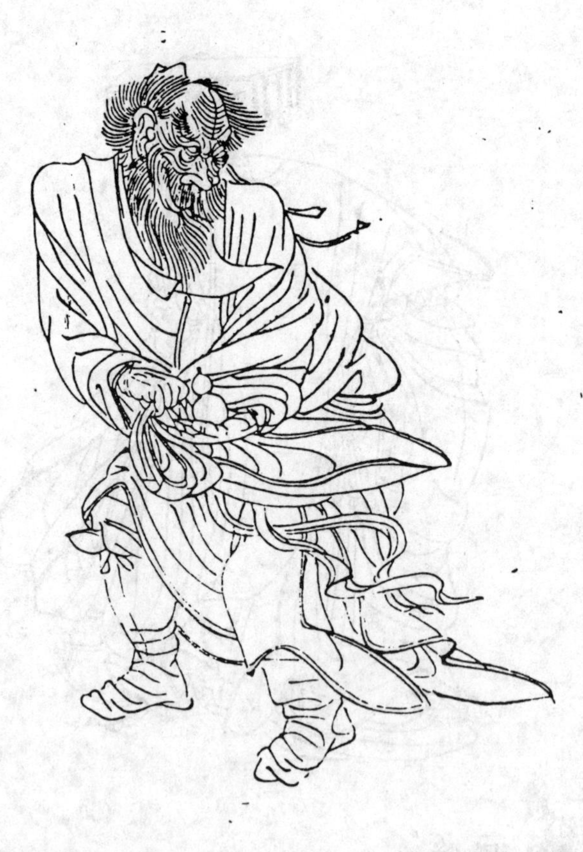

赤松子輿

噉百花艸

與風致雨

遊戲步虛

笑孫是予

馬師皇

毛兒

亏夫神乎
隱見叵規
羲農堯舜
寧恒其時

何侯

舜之南狩
兹駐仙迹
一藥投杯
昇舉拔宅

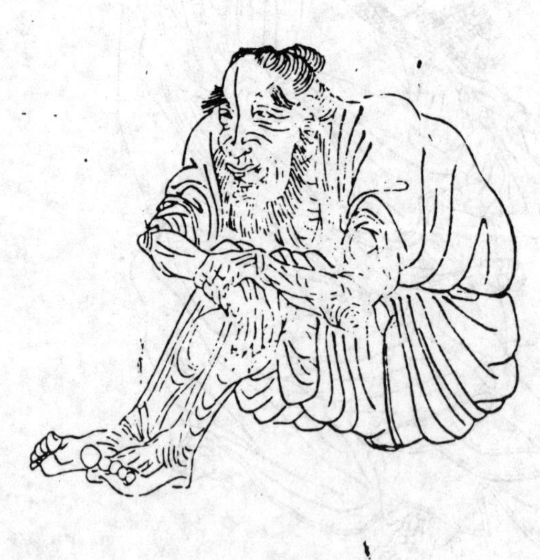

偓佺

奇哉老父
體毛盈踝
永是天遊
步及走馬

鐵拐

魄是宅塵
華之登仙
守形纂氣
陽神騰遷

務光

避桀之亂
辭湯之讓
樂其高節
沈波隱嶂

孟岐

周時之芴
長茲拭拂
問尓草萊
覩上代物

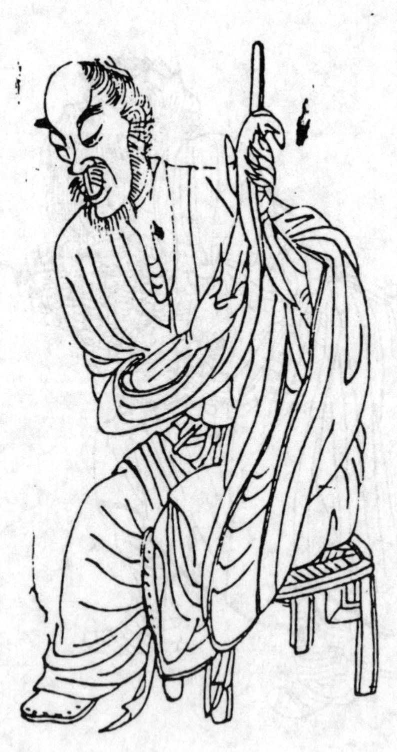

彭祖

仙乎仙乎
恬靜惟將
捨王叢霜
台輔豈取

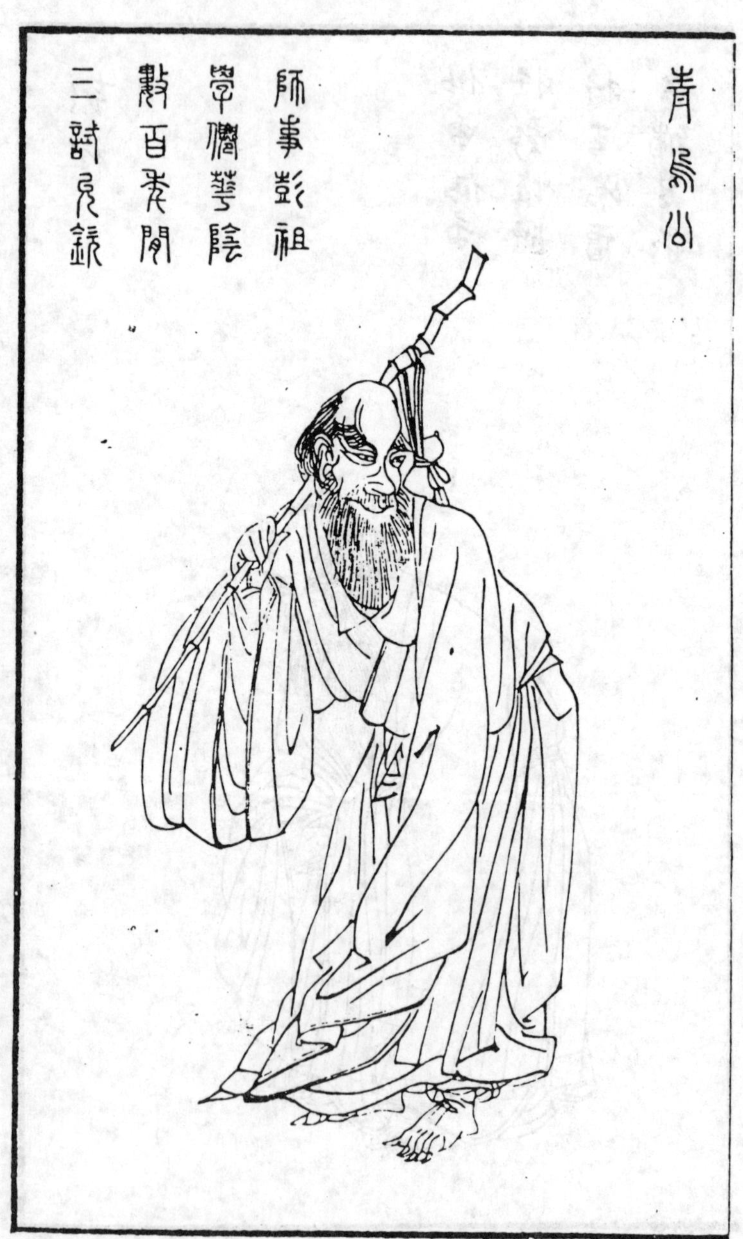
青烏公
師事彭祖
學僊華陰
數百年間
三試見錄

呂尚

非熊非羆
西伯師之
伐一夫紂
四海惟技

范蠡

佐霸之就
殖貨之集
能占幾微
長生可習

劉誠
鬱秀岩靈
運開仙源

匡續

叱頑石開
書浸僊詩
飽沒名山
僊祠不絕

葛由

綏山嶫嶫
驅木羊陟
隨者幾人
誰窺無極

蔡瓊

執陽生符
活殞殪人
白日昇天
永祐斯民

周亮

治於鬼怪
現於神變
藥芝受露
飛昇壇檯

彭宗

吐內一氣
被髮禪析
太清上真
役者吾隸

馮長

領真籙得
心靜體憩
惟僊授祕
拼被夭殪

王子喬
緱山之頂
吹笙駕鶴
其聲瀏亮
迴庋碧落

洪義

以仁衛物
活生寰螢
暫庇天涯
蔭十世孫

魚復授符
憫兮維勤
著書傳世
誰解厥文

琴高

泛〻乘鯉
洋〻鼓琴
忽來忽去
果向何潯

寇先
睢水百年
釣魚采荔
無形作形
不為物制

負局先生

紫丸赤藥
拔病以手
不磨何事
一鏡孫明

列禦寇

物我兩忘
當御飄風
泠然自善
匪遠乎風

莊周

泥中神龜
曳尾養生
六萬餘言
開世聾盲

尹喜

預瞭天象
函關候師
五千真訣
非尔孰遺

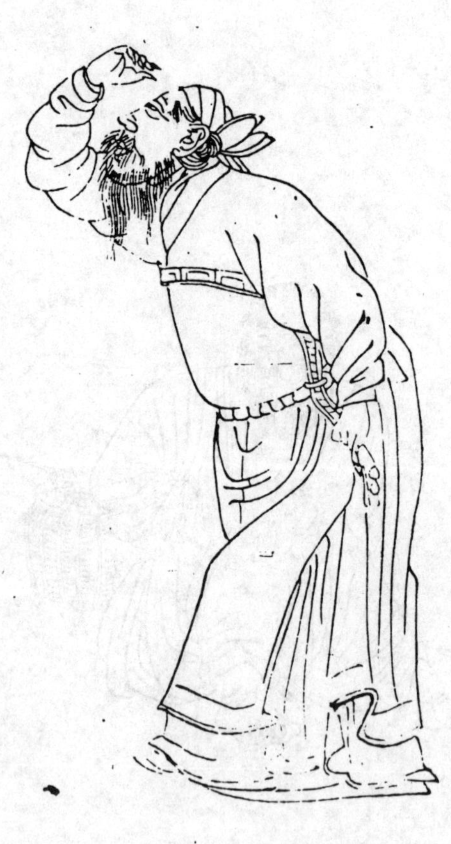

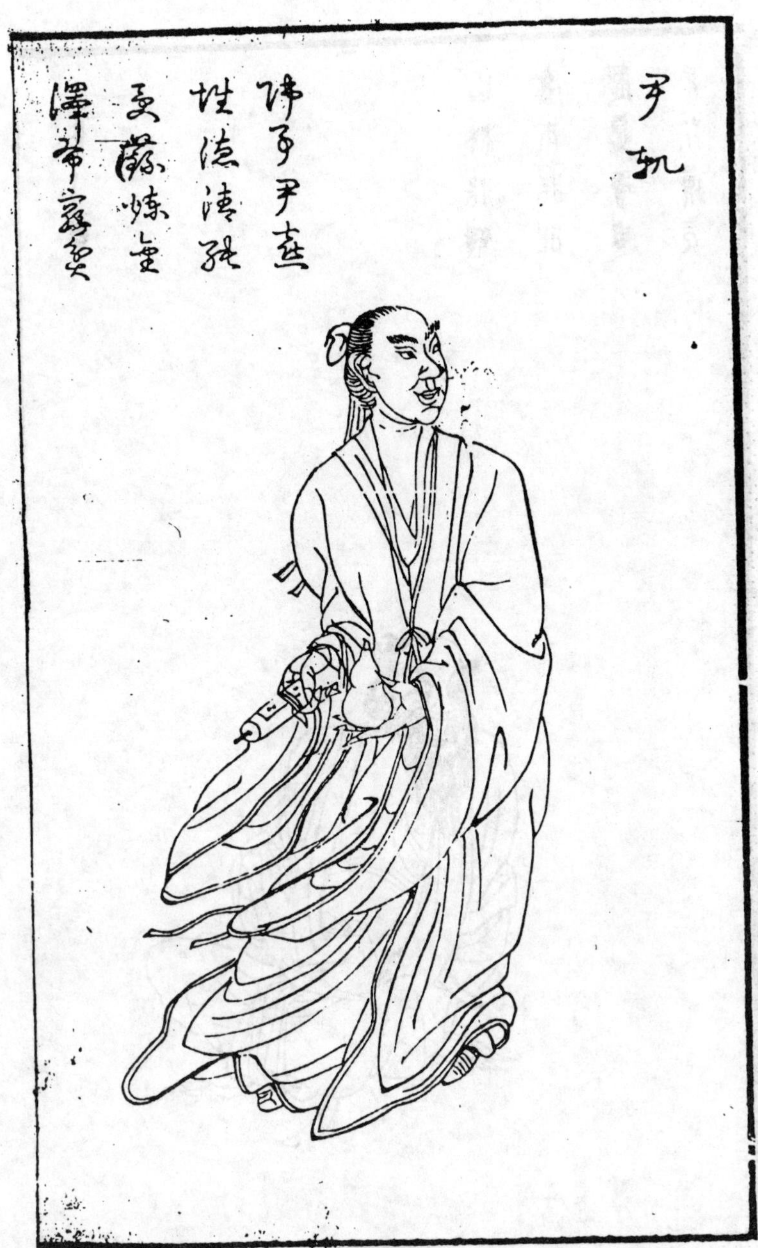
尹軌

李八百

山林非隱
廛市非此
歷夏更宋
永作真人

宋倫

玉童遞給
執竊高行
化身試物
同寢治病

王子
辭周王徵
修道崆峒
不寶金玉
志在無窮

壺公子

仁宮伊酒
雲臥白旅
金母交梨
孫祥甫書

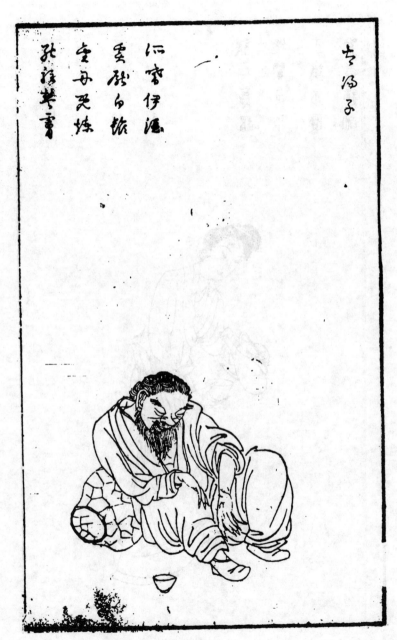

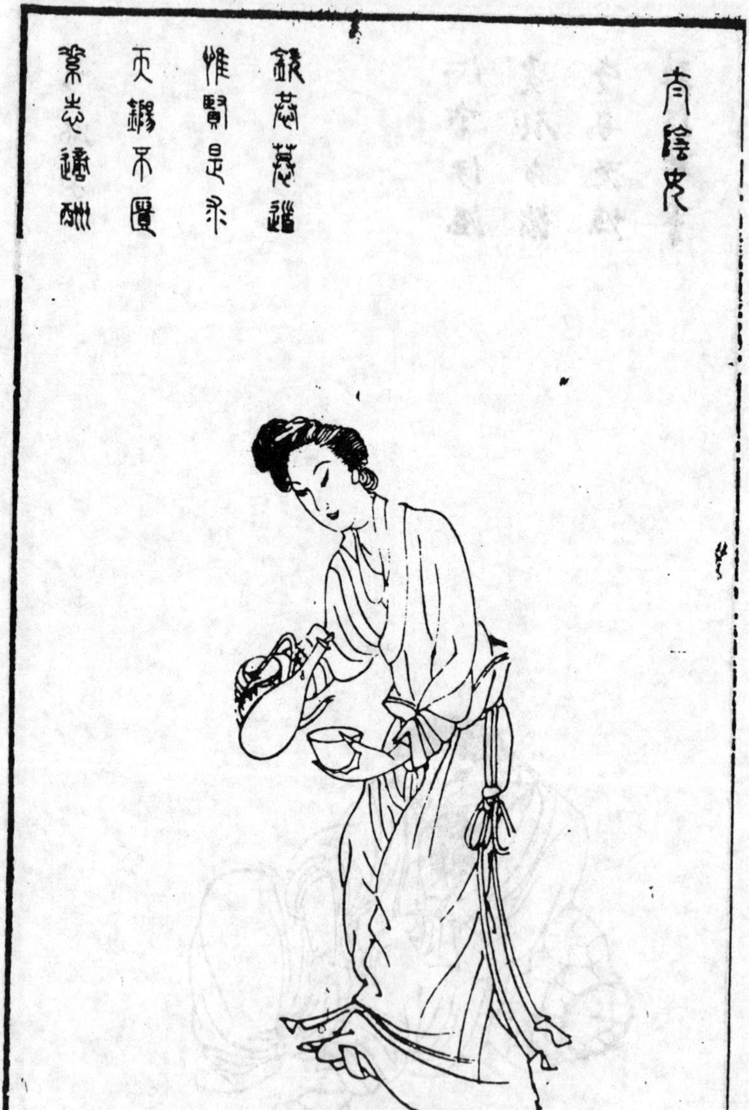

青陰史

錢葛葛諧
唯賢是承
天錫不匱
棠志遺酬

大玄女

脩鍊何歲
貞精寧讓
技術巧孰
顏貌益壯

墨子

喻楚全宋
遇神受冊
即逃名教
仙遊五嶽

祝雞翁

皇育精

畱皇育精
從予相積
乘雲御風
敖遊天衢

古大夫
山居逃秦
木食忘饑
不用丹藥
自造輕飛

黃石公

圯上老父
誰進其履
賢𢦏子房
泰穀城祀

招鶴

鬼谷子
戰國不寧
徒事以術
誰知隱者
迥絕功名

簫史

仙郎吹簫
跨龍乘鳳
伉儷聯翩
共淩杳霧

弄玉
鳳簫互和
有鳳来儀
霄漢之上
晈乎雪姿

蔡女仙
細女手技
去逐仙翁

白石生

金液得盡
天路杜跡
聊樂人間
是僊中隱

涉正
惟精内閟
默甘家漠
忽開發之
涇驚霹靂

安期生

辭帝弃賜、去入瀛洲
滄波萬里
仙跡何求

朱仲

明珠四寸
知何處得
竟復而生
周遊仙域

劉京

須知倚伏
參天立畫
靈方數八
歷游不朽

茅盈
道成喻父
仙成喻弟
天厨自至
乘雲長逝

司馬季主

隱市賣卜
化形淂道
惜哉范生
探匱中寶

朱瑛

少蕤雅識，
習經清揚，
黃庭三過，
保吉深陽

劉安

內守道數
外崇墳典
鴻寶術成
德及雞犬

緱仙姑

精苦不倦
茲感僊壇
青鳥侍衛
能免暴難

金甲

靈物在世
且不可久
雷霆一震
擘出塚口

東方朔

金馬上書

偃蹇避帝

詼遷量遽

不妨明悊

稷丘君
泰山道士
轉老還少
東巡上警
立祠雲表

李少君

以卻老方
姑應爵祿
帝未得仙
何為去速

衛叔卿
羽衣星冠
不然帝之
四仙為伴
去華山陰

黃安

赤負靈龜
壽惟萬歲
儕臣同輦
泰山云祭

郭瓊

遊行到處
咸服神異
一把筭子
歷歷發祕

太山老父

絶穀服术
衰老欻健
傳枕中方
甘物外遯

焦先
觸火不焦
臥雪無恙
施薪一把
德仁誰償

南陽公主

去漢室危
遂叟蒼旻
頳頭雙屣
遺跡後人

王褒
遇神承教
玄洲周旋
盡傳秘要
占居洞天

欒巴

毛伯溫

月出象禍
詔入受授
毛鑐蓄轅
鄰張輸款

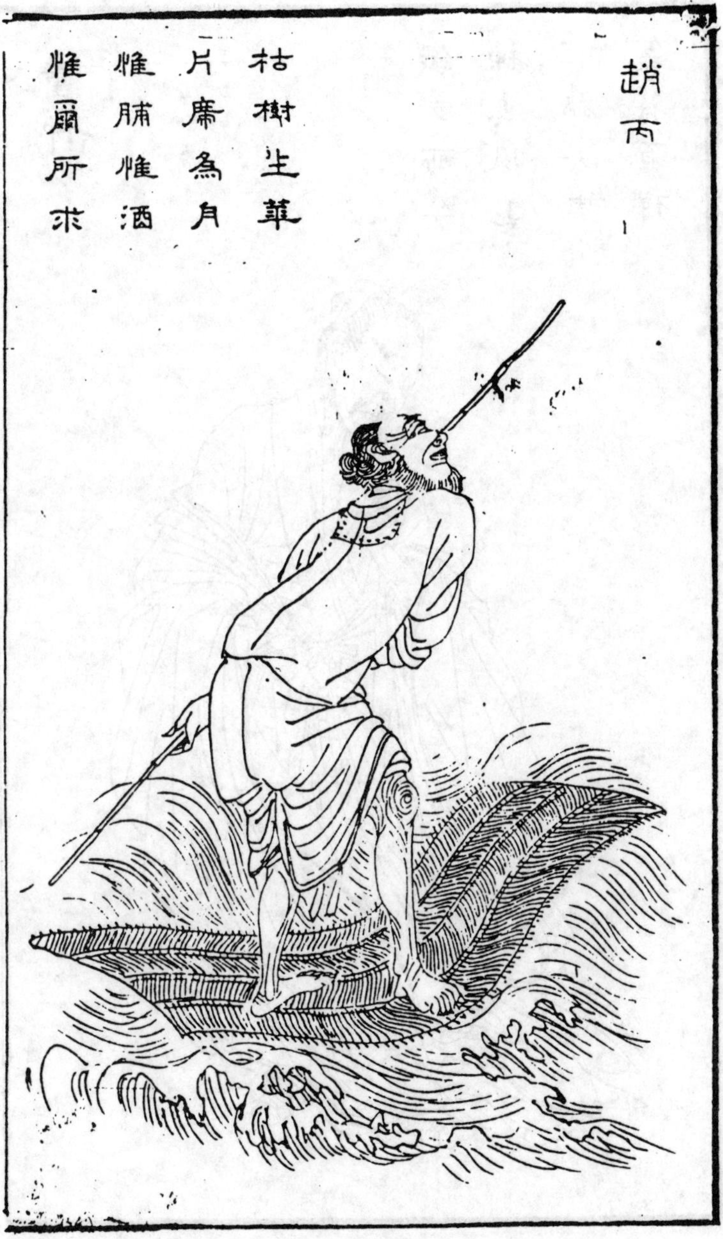

趙丙

枯樹生華
片席為月
惟脯惟酒
惟爾所求

董仲
織女所孕
神異夙彰
驅邪去害
篆符百祥

莊伯微

浮光照山
照家西日
極目攜手
遂造無常

蘇林
遍訪高師，
負履遠遊。
寶室遺訓，
三一精修

江妃二女
婉彼二女
髣髴不再
忽逢忽別
雙珠何在

劉根

一符示異
使人伏罪。
百鬼兵甲
真玄維宰

梅福

姚光

焱爛四起
誰傷其郎
手把一卷
非世所知

魏伯陽
神丹既成
以試羣弟
疑與不疑
屬吾妙挈

王老

全家攀天
是一饔飧
打麥未了
空中作響

張道陵

劉晨阮肇

往還宜常
一游難再
烟霞阻路
爭見翠騰

王喬
月旦朝都
来自千里
飄然碧落
雙鳧為履

蕭綦

簫管鏘鏘
鳳鸞偸偸
厥彌不詠
冲舉碧霄

子英

奇龍表鯉
異翔于天
吳中多祠
民皆仰焉

于吉

受經行化，
漢水弗災
遇害逃害
百歲悠哉

董奉

活人植杏
易杏、施人。
粮穀、如涌
傍無窮貧

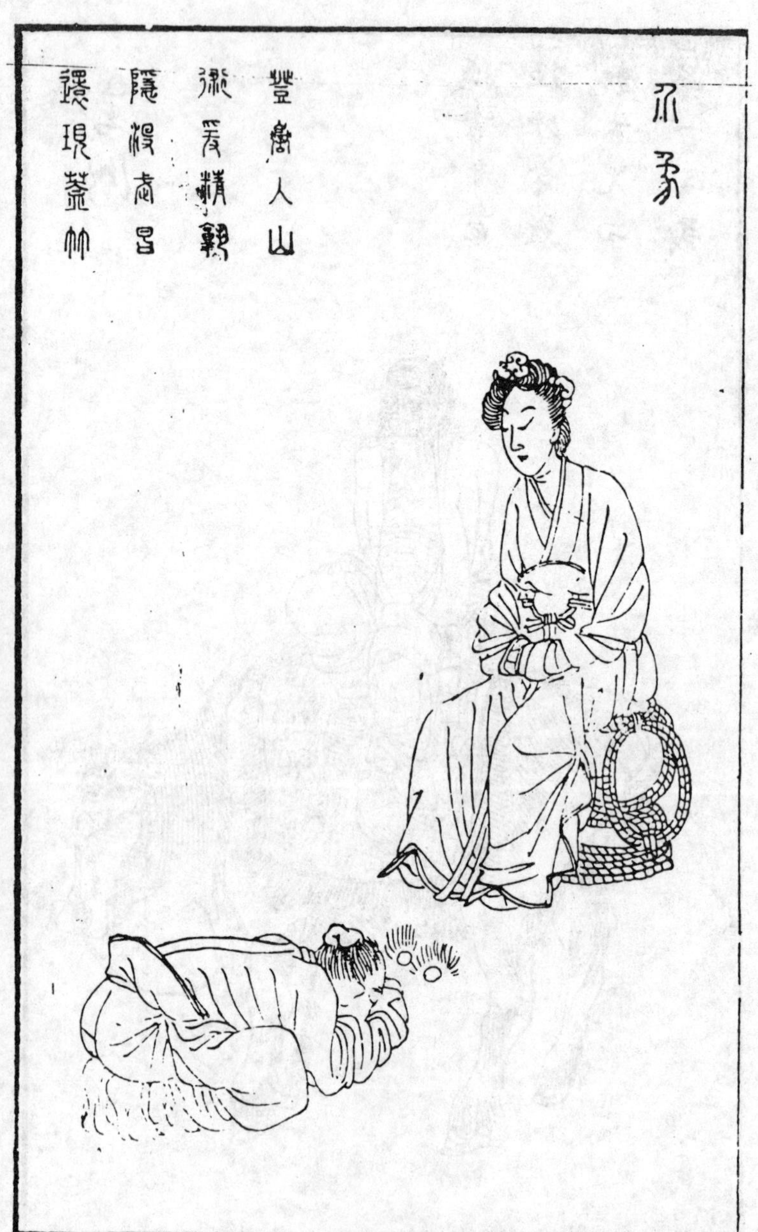

鍾離權
功勲雖失
真訣有成
遂我空同
騰路玉京

李阿
刀折刀完
足折足完
成都游
寓形汗漫

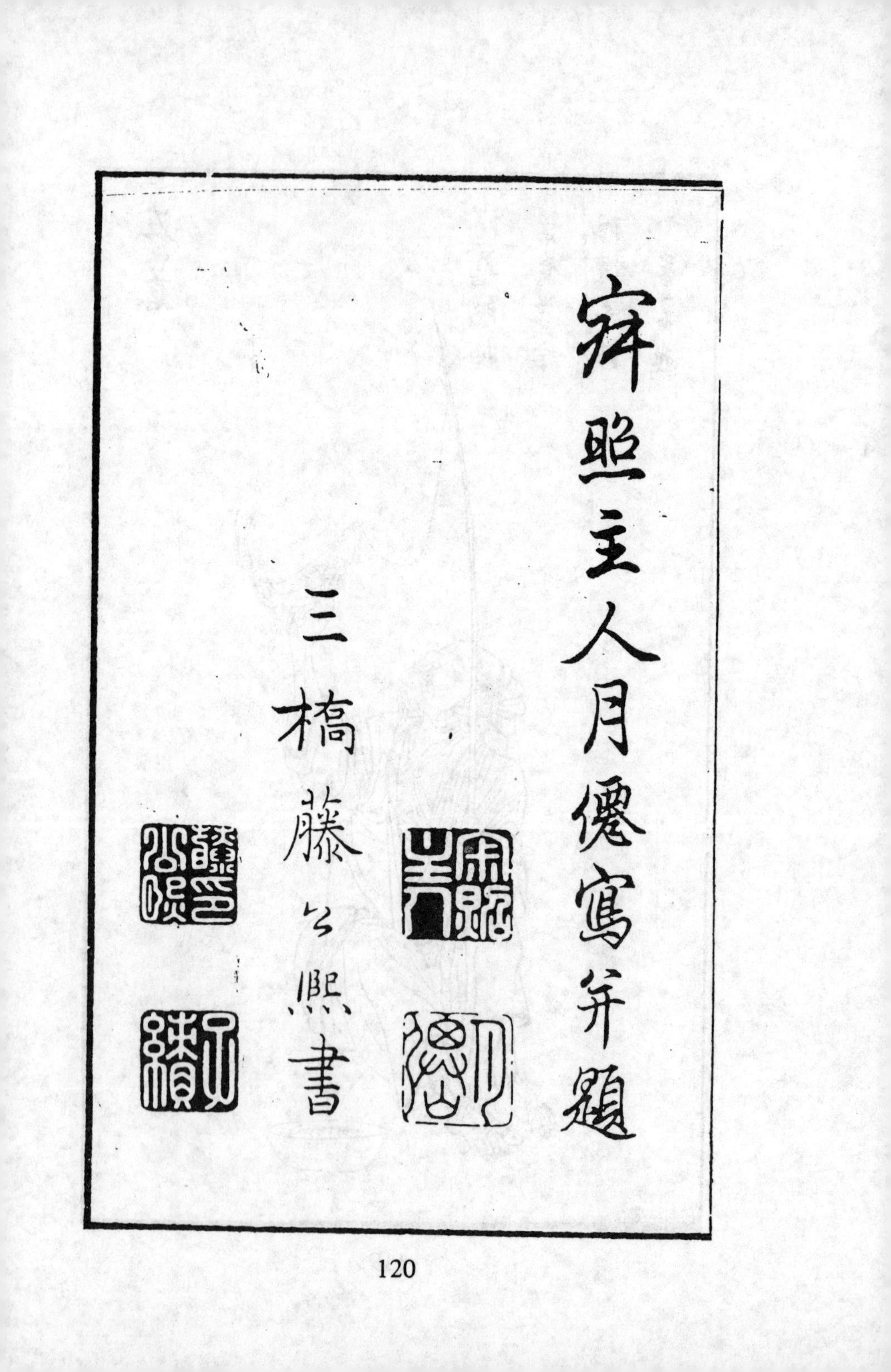

寐聖主人月儷寫并題

三橋藤公熙書

予聞之藝也者志道之士不能
忘于藝也進于妙是不志藝之
爲道道之爲藝身僊上人方外
之士其畫一不爲有不待言吻皆
備衆妙者也余覃數窺其室雖
審識之遠道蘊其牙後文視其無

變化萬狀罔不筆端然道之無

窮無窮之無窮者乎不可得而

知也此集也道家方術未嘗與

上人之所謂道同者乎鍾離之神

十僊鍾離爭出於靈鶴之僊翁要

乎修法得道則至誠之勤復修居

幾持明之徒者與此等筆墨遊戲
之所喜宜其稱之也而其稱之也
未從為雲樓中揭擊來要則一
一願理其面貌復盡絕不可得矣
體然出塵　上人之屬提之所照
天龍傳見魏鍾二王之文贈于慈室

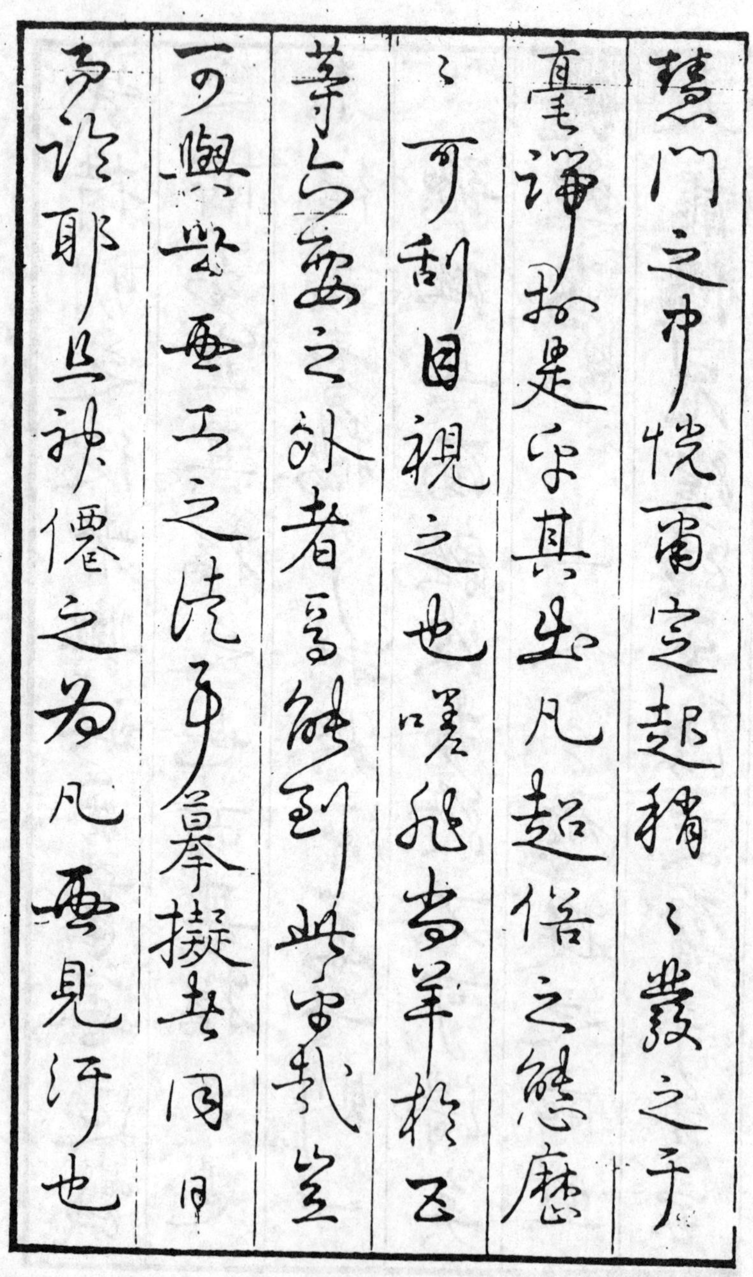

慧門之中恍有定趣精々發之于
毫端於是乎其出凡超俗之態歷
々可刮目視之也嗟非畫筆極巧
筆墨之外者焉能到此雅氣豈
可與與畫工之流爭摹擬同日
而語耶且彼儷之為凡畫見汗也

尚矣此帖一出與儕甫寫生面垂
上人固為土苴道藝之士寔可仰
光于翳若巨燭矣
九皐叢人川謙謹識

列仙圖贊 /日本和尚月仙上人繪--影印本--臺北市：臺灣學生，民 78

8 ,125面；21公分--（中國民間信仰資料彙編第一輯；附錄一）

ISBN 957-15-0017-8（精裝）：全套新臺幣 20,000 元

I日本和尚月仙上人繪 II中國民間信仰資料彙編第1輯；附錄一

272.08/8494　　附錄一

中國民間信仰資料彙編　第一輯

王秋桂　李豐楙　主編

列仙圖贊（全一冊）

圖繪者：日本和尚月仙上人

出版者：臺灣學生書局

發行人：丁文治

發行所：臺灣學生書局

臺北市和平東路一段一九八號
郵政劃撥帳號〇〇〇二四六六～八號
電話：三六三四一五六

本書局登記證字號：行政院新聞局局版臺業字第一一〇〇號

印刷所：明國印製有限公司

地址：台北市桂林路二四二巷五七號
電話：三〇八九八二〇

香港總經銷：藝文圖書公司

地址：九龍又一村達之路三十號地下後座
電話：三－八〇五八〇七

中華民國七十八年十一月景印初版

27203-附錄一

ISBN 957-15-0017-8（套）